48
마녀 메데이아와 이아손의 최후

주니어RHK

신화의 가치

신화는 한 민족의 기원이나 역사적 · 종교적 · 문화적 삶의 모습을 보여 주는 옛이야기입니다. 주로 신과 영웅에 관한 이야기가 많고, 오랫동안 입에서 입으로 전해 내려왔다는 특징이 있지요.

우리가 살펴볼 그리스 로마 신화는 고대 그리스와 로마에 전해 오는 신화와 전설을 한데 묶은 것입니다. 그리스 로마 신화는 고대의 삶을 엿보게 해 주는 문화유산일 뿐만 아니라, 세계 여러 나라의 문학과 미술에 큰 영향을 끼쳤습니다. 하지만 문화적 가치만큼이나 중요한 것이 또 있습니다. 오래된 옛이야기이면서도 거기에 담긴 교훈적 가치가 오늘날에도 여전히 쓸모 있고 중요하다는 사실입니다.

놀랍지 않나요? 수천 년 전의 이야기가 어떻게 과학 문명이 고도로 발달한 오늘날에도 통하는 것일까요? 그것은 바로 그리스 로마 신화에 나오는 신과 영웅의 모습이 오늘날 우리의 모습과 다르지 않기 때문입니다. 신들도 우리처럼 분노하고, 질투하고, 실수를 하지요. 그런 모습을 보면서 우리는 깔깔 웃거나 눈물을 흘리고, 교훈과 감동을 얻습니다. 우리가 그리스 로마 신화를 읽어야 하는 까닭이 바로 이것입니다.

신화의 세계로 떠날 여러분에게 한마디 덧붙이자면, 신화는 우리에게 끝없는 상상력을 요구한다는 점입니다. 신화 속에는 수많은 은유와 상징이 곳곳에 널려 있지요. 따라서 신화를 읽을 때에는 상상력을 최대한 발휘하여 신화 속에 숨겨진 의미를 찾고, 그것을 자기 나름대로 재해석하는 과정이 필요합니다. 이렇게 읽었을 때에야 비로소 여러분 앞에 놀라운 삶의 이야기가 펼쳐질 것입니다.

자, 그럼 흥미진진한 신화의 세계 속으로 함께 떠나 볼까요?

이올코스로 돌아온 이아손과 메데이아는
결혼해 아들 둘을 낳고 한동안 행복하게 삽니다.
하지만 펠리아스 왕은 이아손에게 왕위를 물려주지 않았습니다.
또 시간이 흐르면서 메데이아에 대한 이아손의 사랑도
변하기 시작합니다.
이아손을 위해 모든 걸 버렸던 메데이아는 어떤 선택을 할까요?

주요 등장인물

⚜ 펠리아스 ⚜

이올코스 왕의 의붓동생이에요.
잔인하고 음흉해요. 조카 이아손에게
왕위를 돌려주기 싫어서 계속 미뤄요.

⚜ 크레온 ⚜

코린토스의 왕이에요.
이올코스에서 쫓겨난
이아손과 메데이아를
받아들여요.

⚜ 메데이아 ⚜

콜키스의 공주로 이아손을 사랑한 나머지
아버지를 배반하고 동생을 물에 빠뜨려요.
아름답지만 잔인하며, 하고자 하는 것은
꼭 하고 마는 성격을 가졌어요.

⚜ 이아손 ⚜

이올코스의 왕자로 왕위를 돌려받기 위해
황금 양털을 구해 와요.
모험심이 강하고 용감하지만
주로 다른 이의 도움으로
무언가를 이루려고 해요.

1
메데이아의 무서운 마법

"뭐라고? 네가 마법사라고?"

"예. 제가 왕을 다시 젊어지게 만들 수 있습니다."

이아손과 메데이아를 환영하는 잔치가 벌어졌습니다. 하지만 이아손은 마음 한구석이 텅 빈 것 같아 흥겨운 잔치에 어울릴 수 없었습니다. 아버지가 늙고 몸이 약해 그 자리에 오지 못했기 때문이지요. 이아손은 메데이아에게 말했습니다.

"메데이아, 당신이 마법의 힘으로 나를 도와 내가 이 자리에 오게 되었소. 하지만 나는 아직 행복하지 않다오. 나를 위해 다시 한 번 마법을 써 주지 않겠소? 내 수명에서 몇 년을 꺼내 내 아버지에게 주시오."

메데이아는 이아손을 위로했습니다.

이아손과 메데이아의 다정한 모습

〈이아손과 메데이아〉 카를 반 루

메데이아는 이아손이 자신을 영원히 사랑한다고 한 맹세를 굳게 믿었어요. 그래서 아버지를 배신하고 동생까지 죽이는 잔인한 짓을 저질렀지요. 이아손과 메데이아는 이올코스에 온 뒤로 아들 둘을 낳고 한동안은 행복하게 살았답니다.

며칠 뒤 보름달이 떠오르자, 메데이아는 한밤중에 일어나 살그머니 밖으로 나왔습니다. 메데이아는 별과 달을 향해, 그리고 *대지와 지옥의 여신 헤카테를 향해 기도했습니다. 그리고 숲과 동굴, 호수와 강, 바람과 *대기의 여신에게도 힘을 빌려 달라고 기도했습니다. 기도를 마치자 반짝이는 별들 사이에서 날개 달린 뱀이 끄는 마차가 나타났습니다.

메데이아는 마차를 타고 날아가 필요한 약재들을 모아 왔습니다. 그 약재들을 큰 솥에 넣고는 마른 올리브 가지로 정성껏 저으면서 끓였습니다. 약이 완성되자 잠든 아이손의 입에 약초 달인

*대지 대자연의 넓고 큰 땅.
*대기 '공기'를 달리 이르는 말.

물을 부어 넣었습니다.

그러자 아이손의 흰 머리카락이 점점 검어졌습니다. 창백했던 얼굴은 붉은 빛이 돌며 팽팽해졌습니다. 팔과 다리에도 힘이 생겼습니다. 마치 사십 년 전의 모습으로 돌아간 것 같았습니다.

펠리아스는 그때까지도 이아손에게 왕위를 물려주지 않았습니다. 콜키스까지 가서 황금 양털을 찾아온 이아손이었지만, 펠리아스에게는 칼을 겨누지 못했습니다. 그렇게 시간이 흘렀습니다. 메데이아는 *우유부단한 이아손 대신 자신이 나서야겠다고 생각했습니다.

한편 욕심 많은 펠리아스에게도 고민거리가 있었습니다. 세월이 흐르면서 점점 늙어 가는 것이었습니다. 살결은 나무껍질처럼 거칠어지고, 얼굴에는 주름이 생기고, 머리카락과 수염은 하얗게 변해 갔습니다.

*우유부단 어물어물 망설이기만 하고 결단성이 없음.

펠리아스는 자신에게 남은 시간이 얼마 되지 않은 것 같아 *조바심이 났습니다.

"아, 평생 늙지 않고 사는 법은 없을까?"

신들에게 펠리아스가 받은 축복이 있다면 *효성이 지극한 두 딸을 두었다는 점이었습니다. 딸들도 시간이 흐를수록 아버지가 늙고 병들어 가는 모습을 걱정했습니다.

펠리아스의 고민을 알아챈 메데이아가 어느 날, 두 딸을 찾아갔습니다.

*조바심 조마조마해 마음을 졸임.
*효성 마음을 다해 부모를 섬기는 정성.

메데이아는 우는 척하며 두 딸에게 *하소연했습니다.

"공주님들, 더는 이아손과 함께 못 살겠어요. 그가 저를 미워하고 이제는 죽이려고까지 합니다. 저를 숨겨 주세요."

"우리가 힘센 이아손에게서 어떻게 당신을 지켜 주겠습니까?"

"저는 콜키스에서 헤카테 여신께 제사를 올리는 신전의 여사제였습니다. 헤카테 여신은 마법과 죽음뿐 아니라 생명까지 다스렸지요. 저는 여신에게서 많은 마법을 배웠어요. 저를 숨겨 주시면 원하는 것을 해 드릴게요."

공주들은 망설이다가 아버지 펠리아스 이야기를 했습니다.

*하소연하다 억울한 일이나 잘못된 일, 딱한 사정 따위를 간곡히 호소하다.

고대 그리스 여자들의 생활

고대 그리스에서 여자들은 할 수 있는 것이 많지 않았어요. 평생 동안 아버지, 남자 형제, 남편의 감시를 받았고, 재산을 물려받거나 돈을 가질 수도 없었어요. 민주 정치를 했다는 아테나이에서도 노예와 여자는 정치에 참여할 수 없었지요. 하지만 결혼을 하지 않은 여자는 올림픽에 참석할 수 있었어요. 제우스의 아내인 헤라 여신을 기렸기 때문이에요. 한편 스파르타에서는 여자가 짧은 치마를 입고 남자와 함께 훈련을 하기도 했어요. 자유롭게 살았던 여성으로는 사포가 있어요. 사포는 레스보스 섬에 살았는데 아름다운 시를 남겼으며, 소녀들을 모아 가르치기도 했어요.

메데이아는 자신이 펠리아스를 다시 젊어지게 할 수 있다며 두 딸을 꾀었습니다. 두 딸은 메데이아를 아버지에게 데려갔습니다.

펠리아스는 메데이아가 마법을 할 줄 안다는 이야기를 듣고 깜짝 놀랐습니다.

"뭐라고? 네가 마법사라고?"

"예. 제가 왕을 다시 젊어지게 만들 수 있습니다."

펠리아스는 귀가 솔깃했습니다. 하지만 그런 마법이 실제로 가능한지 알 수 없어서 의심스러운 눈초리로 메데이아를 바라보았습니다. 메데이아는 펠리아스의 마음을 알아챘습니다.

“저의 마법이 어느 정도인지 모르니 믿지 못하실 겁니다. 뒤뜰에 있는 늙은 닭을 저에게 주십시오. 제가 다시 어린 닭으로 만들어 보이겠습니다.”

그러고는 펠리아스와 두 딸을 방으로 안내했습니다. 그 방 한가운데에는 커다란 솥이 있었습니다. 메데이아는 여신에게 기도

한 뒤 미리 준비해 둔 재료를 꺼냈습니다. 그리고 솥에 약초들과 열매의 즙, 저승에서 길어온 물, 달밤에 내린 서리, 물뱀의 비늘, 까마귀 부리와 부엉이의 날개를 넣었습니다.

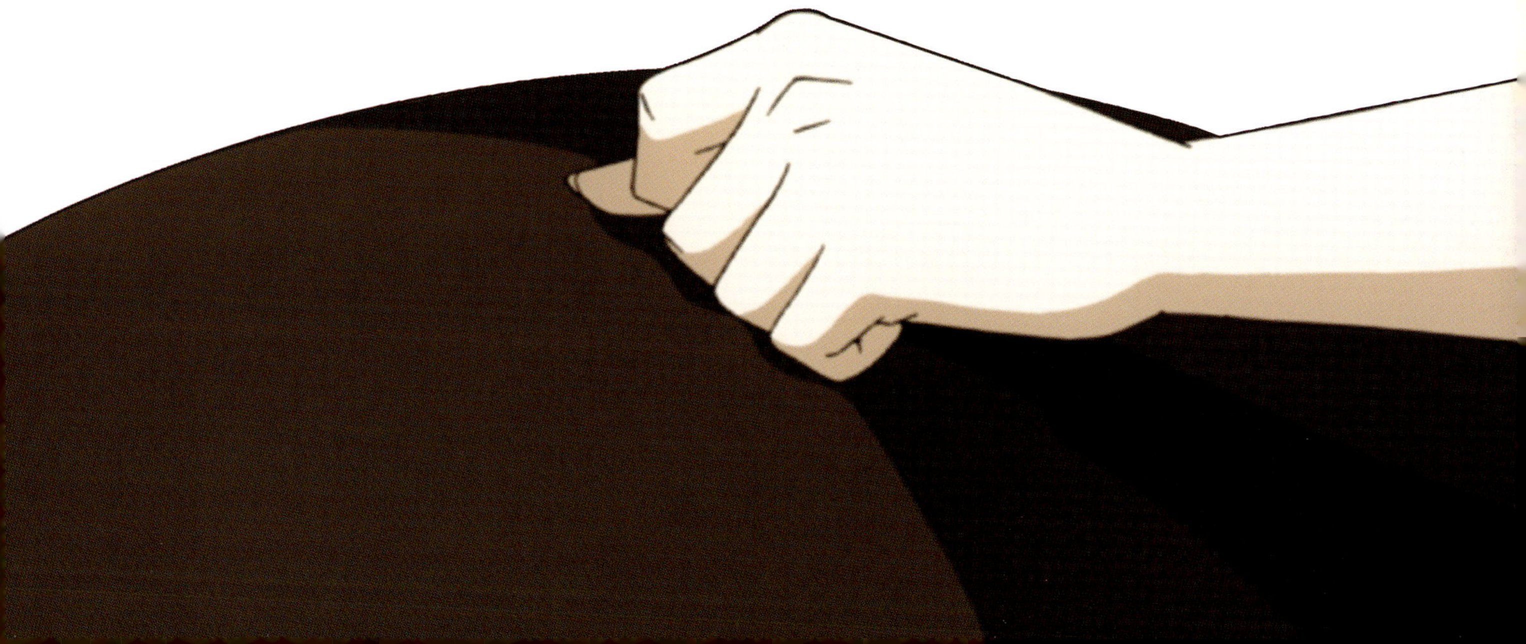

그다음, 마른 올리브 나뭇가지로 솥을 천천히 저었습니다. 저으면 저을수록 마른 나뭇가지는 살아 있는 나뭇가지 빛깔로 바뀌었습니다. 그러더니 이파리가 돋아나고 올리브 꽃이 피었습니다.

메데이아는 두 딸이 가져온 닭을 집어 들었습니다. 늙은 닭은 얼마나 나이를 먹었는지 깃털이 듬성듬성 빠지고 제대로 서 있지도 못했습니다.

메데이아는 닭을 솥에 넣고 뚜껑을 덮었습니다. 그리고 두 눈을 지그시 감고는 주문을 외웠습니다.

솥 안의 약이 부글부글 끓어 넘쳐흘렀습니다.

이윽고 메데이아가 두 딸에게 말했습니다.

“자, 이제 뚜껑을 열어 보세요.”

두 딸은 덜덜 떨리는 손으로 솥뚜껑을 들었습니다.

그러자 솥 안에서 기운이 펄펄 넘치는 닭이 날개를 퍼덕거리며 뛰쳐나왔습니다. 깃털에는 윤기가 자르르 흐르고, 꼿꼿이 선 *볏은 선명한 붉은빛이었습니다. 닭은 꼬끼오 울면서 달아났습니다.

"오, 정말 신기하구나! 대단한 마법이야!"

펠리아스는 손뼉을 치며 좋아했습니다. 자신도 젊어질 수 있다는 희망에 두 눈이 반짝였습니다.

"나에게도 젊음을 되찾아 다오. 그러면 너의 소원은 무엇이든지 들어주마."

메데이아는 솥에 새로 맹물을 부었습니다. 아까와 비슷해 보이는

*볏 닭이나 새 따위의 이마 위에 세로로 붙은 살 조각.

약초들을 집어넣고 끓이기 시작했습니다. 그러고는 올리브 나뭇가지로 천천히 저으며 주문을 외웠습니다. 펠리아스와 두 딸은 기대에 찬 눈으로 메데이아를 바라보았습니다.

메데이아가 준비를 마쳤다는 신호를 보냈습니다. 두 딸은 아버지에게 어서 솥 안으로 들어가라고 재촉했습니다. 딸들은 아버지가 젊은 날의 위풍당당한 모습으로 걸어 나올 거라고 믿었습니다.

펠리아스는 딸들의 *격려를 받으며 솥 안으로 들어갔습니다. 메데이아는 뚜껑을 덮고 주문을 외웠습니다. 두 딸은 손을 맞잡고 기대감에 부푼 얼굴로 솥을 바라보았습니다.

솥에서 약이 끓어 넘쳐흘렀습니다. 메데이아는 *흡족한 미소를 지으며 뚜껑을 열었습니다.

"응애응애!"

"아니, 이럴 수가!"

솥 안을 들여다본 두 딸은 까무러칠 듯이 놀랐습니다.

*격려 용기나 의욕이 솟아나도록 북돋워 줌.
*흡족하다 조금도 모자람이 없을 정도로 넉넉하여 만족하다.

"아니, 이게 어찌된 일이에요? 저 아기가 우리 아버지란 말인가요?"

"말도 안 돼. 메데이아, 어서 아버지를 원래 모습으로 돌려놓으세요!"

두 딸이 울먹이며 소리쳤습니다.

메데이아는 아무 말 없이 솥 안의 아이를 안아 올렸습니다. 그러고는 싸늘한 얼굴로 두 딸을 돌아보았습니다.

"왕을 이렇게 만들다니! 당신을 잡아 가두겠어요!"

두 딸은 소리를 질러 병사들을 불렀습니다. 병사들은 메데이아를 붙잡아 밧줄로 묶었습니다.

"메데이아와 두 아들을 모두 감옥에 가두어라."

"이아손도 한통속일 거야. 이아손도 벌주어야 해."

펠리아스의 딸들은 메데이아와 이아손 그리고 두 아들을 쫓아내야 한다고 입을 모았습니다.

마침 잠시 이올코스를 떠났던 이아손이 돌아왔습니다.

이아손도 꼼짝없이 병사들에게 잡히고 말았습니다.

“대체 무슨 일이오, 메데이아?”

“메데이아가 국왕을 죽이려고 했소. 정확히 말하면 죽이지는 않았지. 왕을 갓난아이로 만들어 버렸거든.”

펠리아스의 딸들이 분개하며 말했습니다.

이아손은 할 말이 없었습니다. 더는 이올코스에 머물 수 없다는 것도 깨달았습니다. 이아손과 메데이아는 두 아이와 함께 이올코스에서 쫓겨났습니다.

"왜, 왜 그랬소, 메데이아?"

이아손이 묻자 메데이아는 싸늘한 얼굴로 말했습니다.

"펠리아스는 약속을 지키지 않았어요."

이아손은 메데이아가 무섭다는 생각이 들었습니다. 이아손은 할 말을 잃고 아이들의 손을 붙잡은 채 그저 걸었습니다.

메데이아는 이아손이 왕이 될 거라고 생각했기에 여간 실망스럽지 않았습니다. 왕궁으로 돌아가자고 애원했지만, 이아손은 고개를 저을 뿐이었습니다.

"다시는 이올코스에 돌아가지 않을 것이오."

메데이아는 생각했습니다.

'그래, 새로운 곳으로 가서 이아손과 다시 행복한 생활을 시작해 보자.'

2
이아손의 변심

메데이아는 이아손과 아이들을 위해 온갖 궂은일을
마다하지 않았지만, 이제는 아무도 자신을
사랑하지 않는다는 생각에 마음이 아팠습니다.

이아손과 메데이아는 이웃 나라인 코린토스 왕국으로 갔습니다. 코린토스 왕 크레온은 이아손을 반갑게 맞아 주었습니다.

"이아손, 반갑구나. 이곳에서 얼마든지 편히 쉬어라."

이아손과 메데이아는 코린토스 왕국에서 안정을 찾아갔습니다. 긴 여행길에 지친 몸과 마음의 피로를 풀며 웃음을 되찾았습니다.

이아손은 아들들에게 아르고 원정대의 모험 이야기를 즐겨 들

려주었습니다. 피네우스를 괴롭히던 하르피이아이를 칼라이스와 제테스 형제가 쫓아낸 이야기, 쉼플레가데스를 아슬아슬하게 통과한 이야기를 들려줄 때면, 두 아들은 눈을 반짝이며 아버지의 이야기에 빠져들었습니다.

메데이아도 아름다운 얼굴과 상냥한 마음씨로 왕궁 사람들의 사랑을 받았습니다.

특히 두 아들은 크레온 왕의 딸인 글라우케 공주를 잘 따랐습니다. 글라우케도 두 아이를 다정하게 대했습니다.

어느 날, 이아손은 정원에서 아이들과 함께 즐겁게 놀고 있는 글라우케를 지켜보았습니다. 스스럼없이 아이들과 웃으며 뛰노는 모습에서 글라우케의 상냥하고 따뜻한 마음을 느낄 수 있었습니다.

자신도 함께 가서 놀고 싶은 마음이 굴뚝같았습니다. 아름다운 글라우케와 이야기해 보고 싶다는 생각도 들었습니다.

게다가 메데이아는 이제 나이가 들면서 아름다움이 사라지고 있었습니다. 이올코스에서 쫓겨난 것도 따지고 보면 메데이아가 잘못해서 그렇다는 생각이 이아손의 머리를 떠나지 않았습니다.

그렇게 신 앞에서 맹세했던 이아손의 사랑은 점점 희미해지고 있었습니다.

메데이아는 이아손과 아이들의 관심이 글라우케에게 쏠리는 것 같아 불안했습니다. 자신은 조국인 콜키스에서 도망쳤으니 이제 공주도 아니고, 이올코스에서 쫓겨났으니 왕비도 못 되는 처지였습니다.

그런데 자신을 영원히 사랑하겠다고 맹세한 남편마저 마음이 떠나는 것을 느꼈습니다. 아이들과 글라우케 공주가 즐겁게 어울려 노는 것을 보자, 자신은 엄마로서도 쓸모없는 존재로 느껴

졌습니다.

메데이아는 이아손과 아이들을 위해 온갖 궂은일을 마다하지 않았지만, 이제는 아무도 자신을 사랑하지 않는다는 생각에 마음이 아팠습니다. 부모와 형제를 버리고 이아손만을 믿고 지금까지 살아왔는데 이아손의 마음이 멀어지다니, 메데이아는 이아손에 대한 원망이 쌓여 갔습니다.

어느 날, 코린토스의 왕 크레온은 이아손을 은밀히 불렀습니다.

"이아손, 글라우케와 결혼하는 게 어떻겠느냐? 네 아이들도 글라우케를 잘 따르니 말이야. 자네와 글라우케는 서로에게 호감이 있는 것 같던데……."

"하지만 저는 신 앞에서 메데이아와의 결혼을 맹세했습니다."

이아손이 난처한 표정으로 말했습니다.

"메데이아는 잔인하고 무서운 여자

같더구나. 그런 여자와 평생을 산다면 불행할 거야."

크레온 왕의 말에 이아손이 고개를 떨어뜨리며 대답했습니다.

"저도 메데이아에 대한 애정은 오래전에 식었습니다. 어린 동생을 바다에 던져 버리고, 펠리아스 숙부님에게 마법을 쓰는 걸 보고는 그녀가 두려워졌습니다."

이아손은 그동안 품고 있던 생각을 크레온 왕에게 털어놓았습니다. 이아손의 마음 한쪽에는 글라우케와 결혼하면 코린토스 왕국을 물려받아 왕이 될 거라는 희망이 피어났습니다.

그런데 마침 이곳을 지나던 메데이아가 이아손과 크레온 왕이 나누는 대화를 엿들었습니다. 메데이아는 분을 참지 못하고 주먹을 불끈 쥐고 부르르 떨었습니다.

얼마 뒤 이아손이 메데이아를 불렀습니다. 이아손은 잠시 망설이더니 입을 열었습니다.

"당신과 헤어지고 글라우케와 결혼하고 싶소."

"신들에게 한 맹세를 깰 참이군요. 당신에게 모든 것을 바친 나를 배신하고요."

메데이아가 눈물을 흘렸습니다.

"이 일은 꼭 나만을 위한 것은 아니오. 내가 공주와 결혼하면 아이들의 앞날도 문제가 없을 것이오. 당신이 나를 위해 애쓴 것을 잊은 건 아니오."

이아손은 변명을 했습니다. 메데이아가 신들의 이름을 외치며 화를 내자, 이아손은 나가 버렸습니다.

3
마녀 메데이아

이아손은 메데이아에게 달려들었습니다.

"이 잔인한 마녀! 널 용서하지 않겠다!"

메데이아는 이아손과 글라우케의 결혼식 날짜가 잡혔다는 소식을 듣고는 *절망했습니다.

"아, 이제 나에게 남은 것은 무엇이란 말인가? 이 자리에서 벼락이라도 맞아 사라졌으면 좋겠구나! 아, 내가 배신하고 떠나온 나의 아버지와 나의 고향이여, 바다에 빠뜨린 나의 동생이여, 내가 지금 그 벌을 받는구나! 내가 무엇 때문에

*절망하다 바라볼 것이 없게 되어 모든 희망을 끊어 버리다.

그렇게 살아왔던가.”

메데이아는 하늘을 보면서 외쳤습니다.

“내가 죄를 지은 건 그 사람 때문이야! 이아손, 바로 이아손 때문이지. 그는 나를 이렇게 괴롭힐 자격이 없어. 아, 신이시여, 이아손과 글라우케를 벌주소서!”

지나가던 크레온 왕이 메데이아의 *탄식을 들었습니다. 왕은 메데이아가 딸 글라우케에게 복수를 할까 봐 두려웠습니다.

메데이아는 크레온 왕이 자신의 복수를 눈치챈 것을 알았습니다.

메데이아의 마녀 친척 키르케

마녀 키르케는 메데이아의 고모예요. 메데이아가 마법을 쓸 수 있는 것도 마법사의 피가 흐르기 때문이에요. 키르케는 오디세우스 이야기에도 등장해요. 키르케는 아이아이에 섬을 찾아온 오디세우스의 병사들을 짐승으로 만들었어요. 하지만 그 외에는 나쁜 마법을 쓰지 않고 조용히 섬에 머물며 살았답니다. 메데이아는 키르케와 달리 나쁜 마법으로 많은 일을 벌이고 다녔지요.

*탄식 한탄하여 한숨을 쉼. 또는 그 한숨.

메데이아는 크레온 왕에게 *자비를 빌었습니다.

"크레온 왕이시여, 어찌하여 저를 두려워하시나요? 당신은 갈 곳 없는 저와 아들들을 받아 주신 고마운 분입니다. 제가 당신에게 해를 끼칠 이유는 없지요. 남편이 원망스럽기는 하지만, 신의 뜻이라면 기꺼이 둘의 결혼을

*자비 남을 깊이 사랑하고 가엾게 여김. 또는 그렇게 여겨서 베푸는 혜택.

축복하렵니다."

크레온 왕은 불안했지만 결국 의심을 접었습니다. 메데이아는 마음을 다잡고 이번에는 이아손을 찾아갔습니다.

"이아손, 지난번에 내가 홧김에 한 말은 모두 잊어 주세요. 당신의 결혼이 우리 아들들을 위한 마음 때문이라는 걸 깨달았어요. 나는 당신의 결혼을 축하할 수 있어요. 행복하길 바랄게요."

이아손은 메데이아의 너그러운 말투가 오히려 꺼림칙했습니다. 메데이아는 말을 마치고 사라졌습니다.

'갑자기 메데이아가 왜 그러지? 그래도 이 결혼식만 올리면 이제 메데이아와도 끝이야. 글라우케 공주를 만나 정말 다행이야.'

이아손은 곧 결혼식을 올릴 생각으로 들떠 메데이아를 크게 신경쓰지 않았습니다.

그런데 잠시 뒤 신하가 헐레벌떡 이아손에게 뛰어왔습니다.

"이아손 님, 이아손 님! 글라우케 공주님이 없어졌습니다!"

"뭐, 뭐라고?"

이아손은 뜻밖의 이야기에 뛸 듯이 놀랐습니다.

'혹시 메, 메데이아가?'

메데이아의 마지막 모습이 떠올랐습니다. 이아손은 허겁지겁 메데이아가 자주 가는 탑 위로 뛰어올라 갔습니다.

계단을 뛰어오르는 이아손의 다리가 후들거렸습니다. 이아손은 메데이아가 마녀라는 사실을 한동안 잊고 있었습니다. 메데이아는 누구보다 차가운 심장과 잔인한 머리를 가진 마녀였습니다. 그녀는 가족을 버렸고 누구든 함부로 죽일 수 있었습니다. 이아손이 살아남을 수 있었던 건 오로지 메데이아가 그를 사랑했기 때문이었습니다.

"아아아아악!"

이아손이 계단을 거의 다 올라왔을 때입니다. 어린아이의 날카로운 비명소리가 울려 퍼졌습니다.

"안 돼! 오오, 내 아이들, 안 돼, 메데이아!"

이아손은 문을 벌컥 열었습니다. 그러나 아이들의 모습은 보이지 않고 메데이아 혼자 검은 망토를 휘날리며 서 있었습니다.

"메데이아! 도대체 무슨 짓을 한 거야? 글라우케 공주는? 그리고 우리 아이들은?"

아들들을 죽인 메데이아

〈메데이아의 분노〉 외젠 들라크루아

복수심에 사로잡힌 메데이아는 글라우케와 크레온 왕을 죽음으로 몰아넣었어요. 그리스 신화에서 가장 매정한 인물로 꼽히는 메데이아는 자식들마저 제 손으로 죽였어요. 그림 속 메데이아는 이아손이 오는 소리가 들리는지 눈치를 살피며 아이들을 붙잡고 있어요.

"글라우케 공주는 살려 둘 수 없었어요. 용서할 수 없으니까요. 우리 아이들도 어쩔 수 없었어요."

이아손은 메데이아에게 달려들었습니다.

"이 잔인한 마녀! 널 용서하지 않겠다!"

메데이아는 하늘을 향해 팔을 치켜들고 주문을 외웠습니다. 그러자 구름 속에서 날개 달린 용이 마차를 끌고 나타났습니다. 메데이아는 재빨리 마차에 올라탔습니다.

이아손은 멀어지는 메데이아를 멍하니 바라보았습니다.

4
이아손의 최후

"아르고 호! 너였구나."

이아손은 바닷속으로 가라앉을 듯이 부서진 배를 보며 눈물지었습니다.

혼자 남은 이아손의 손에서 칼이 툭 떨어졌습니다. 이아손은 그저 하늘만 바라보았습니다. 메데이아가 탄 마차는 멀리 구름 속으로 사라졌습니다.

"모든 것이 사라졌다!"

이아손은 넋을 잃고 중얼거렸습니다.

이아손은 하염없이 걷기 시작했습니다. 걷고, 또 걷다 보니 바닷가에 이르렀습니다. 바닷가에는 낡은 배 한 척이 쓸쓸히 떠 있었습니다. 그 배는 바로 아르고 호였습니다.

“아르고 호! 너였구나.”

이아손은 당장이라도 바닷속으로 가라앉을 것처럼 부서진 배를 보며 눈물지었습니다. 이아손은 천천히 아르고 호에 올랐습니다. 항해를 할 때처럼 뱃머리에 서서 바다를 바라보았습니다.

“위풍당당하게 험난한 모험을 했던 때가 그립구나.”

이아손의 머릿속에 모험을 함께했던 아르고 원정대원의 얼굴이 하나둘 떠올랐습니다. 오르페우스, 헤라클레스, 아탈란테, 칼라이스와 제테스, 멜레아그로스 등 멋진 영웅들이 머리를 스쳐 갔습니다.

그렇게 이아손은 오랫동안 배에 머물렀습니다. 사람의 말을 할 줄 아는 뱃머리가 물었습니다.

"이아손, 내 말이 들리는가?"

"예. 들립니다."

"아직도 세상에 미련이 남았는가?"

"아니오. 아무런 미련도 없습니다."

이아손이 대답을 마치자 곧 뱃머리가 산산조각으로 부서지면서 이아손에게 떨어졌습니다. 이아손은 파도 소리를 들으며 눈을 감았습니다.

신화 뒷이야기

OLYMPUS GUARDIAN

메데이아는 잔인한 마녀였습니다. 메데이아가 펠리아스 왕을 아기로 만들어 버린 것은 그가 이아손에게 왕위를 물려주겠다는 약속을 지키지 않았기 때문이라고 변명할 수도 있습니다. 하지만 자기가 낳은 자식을 죽인 것은 용서받을 수 없는 죄였습니다. 그런데도 메데이아는 헬리오스의 손녀이자 헤카테의 사제여서, 신들이 보내 준 마차를 타고 탈출할 수 있었습니다.

탈출한 메데이아는 아테나이로 가서 아이게우스 왕과 결혼합니다. 이번에야말로 왕비가 된 메데이아는 자기가 낳은 아들이 왕이 될 수도 있었습니다. 하지만 아이게우스 왕의 다른 아들 테세우스가 나타나서는 메데이아를 쫓아내려 합니다. 결국 모든 것이 물거품이 되고 메데이아는 고향 콜키스로 돌아갑니다. 콜키스의 왕 아이에테스는 왕위를 빼앗기고 쫓겨나 있었는데, 메데이아는 그런 아버지를 도와 왕국을 되찾습니다.

메데이아는 용서받을 수 없는 잔인한 행동을 많이 했습니다. 하지만 메데이아가 없었다면 이아손은 황금 양털을 가지고 돌아가는 영웅이 될 수 없었습니다.

고대 그리스 작가인 에우리피데스의 작품 《메데이아》를 보면 이아손은 결코 당당한 영웅이 아닙니다. 왕이 되고 싶어서 글라우케 공주와 결혼하려 하고, 메데이아를 버린 비겁한 사람으로 그려집니다. 메데이아가 가진 마법을 이용했으면서도, 아내가 마음에 들지 않게 되자 바꾸려 하는 것은 매우 비겁해 보입니다.

이처럼 신화는 그 이야기를 읽는 사람에 따라, 시대에 따라 다르게 해석될 수 있습니다. 옛날에는 여자가 남자보다 결단성 있고 능력이 뛰어나면 나쁜 마녀와 같이 악한 인물로 여겨지기도 했습니다. 그래서 메데이아라는 인물이 태어난 것인지도 모릅니다.

올림포스 신들의 계보

크로노스 + 레아
하데스
지하 세계의 왕
포세이돈
바다의 신
제우스
신들의 왕
헤라
신들의 여왕,
제우스의 아내
헤스티아
난로· 불의 여신
데메테르
대지의 여신
아테나
지혜 · 전쟁의 여신
제우스 + 메티스
아폴론
의술 · 음악의 신
제우스 + 레토
아르테미스
사냥 · 순결의 여신
아스클레피오스
의술의 신
아레스
전쟁의 신
제우스 + 헤라
헤파이스토스
대장간의 신
제우스 + 디오네
아프로디테
헤파이스토스의 아내,
미의 여신
에로스
사랑의 신
헤르메스
신들의 전령,
상업의 신
제우스 + 마이아
디오니소스
술의 신
제우스 + 세멜레
페르세포네
하데스의 아내
지하 세계의 여왕
제우스 + 데메테르

⚜ 그리스 로마 신화 주요 인물의 이름 ⚜

그리스 어	로마 어	영어
가이아	텔루스	
니케	빅토리아	나이키, 빅토리
데메테르	케레스	세레스
디오니소스	바쿠스	바커스
레아	키벨레	시벨레
아레스	마르스	마스
아르테미스	디아나	다이애나
아테나	아테네, 미네르바	
아폴론	아폴로	아폴로
아프로디테	베누스	비너스
에로스	쿠피드, 아모르	큐피드
오디세우스	울릭세스	율리시스
우라노스	카일루스	유러너스
제우스	유피테르	주피터
크로노스	사투르누스	새턴
페르세포네	프로세르피나	
포세이돈	넵투누스	넵튠
하데스	플루톤	플루토
헤라	유노	주노
헤라클레스	헤르쿨레스	허큘리스
헤르메스	메르쿠리우스	머큐리
헤스티아	베스타	
헤파이스토스	불카누스	벌컨

그리스 로마 신화 올림포스 가디언 48
마녀 메데이아와 이아손의 최후

펴낸이 양원석
펴낸곳 (주)알에이치코리아
등록 2004년 1월 15일 제2-3726호
주소 서울특별시 금천구 가산디지털2로 53, 20층 (한라시그마밸리)
문의전화 02)6443-8800

ISBN 978-89-255-4400-7(74800)
ISBN 978-89-255-4354-3(세트)

값 12,800원

원작 만화로 보는 그리스 로마 신화(가나출판사)
이광진 엮음, 홍은영 그림
명화 구입처 유로크레온(주)